狂言十番

私のお稽古帖

髙橋 美紀子

めでぃあ森

狂言十番

私のお稽古帖

目次

狂言との出会い

人生には様々な出会いがある。

私と狂言の出会いはひょんな事からやってきた。

それはある春の日のランチにはじまる。

かねてから敬愛するE先輩ご夫妻にキャベツ料理を披露する事になった。

E先輩のご亭主は、ドラマの演出家として著名な方であり、狂言同好会の会長でもある。

初めてお逢いするご亭主に良い所を見せたいと、前菜は、きのこのキッシュと蟹のジュレ、メインはご所望のキャベツを丸ごと使い、豚のロースを塊で煮るブルガリアの家庭料理、デザートは、私が得意としているチーズケーキと気合いをいれた。夫が料理に合うワインを選んで、思いのほか楽しいランチとなった。

話が弾み、ワインの酔いも手伝って、E氏に誘われるまま、狂言同好会を見学するはめになってしまった。

学生の頃、ほんの少し、謡を習ったことはあるが、私にはどうやら狂言のほうが向いていそうだし、キャベツが取り持つ縁というのも狂言的ウイットがあると気持ちが動いた。


さて、後日。恐る恐るお稽古場に伺うと、大蔵流狂言方、大藏吉次郎先生が「木六駄《きろくだ》」のお稽古をつける声が聞こえた。

十二頭の牛に炭と木を背負わせて、雪の降りしきる峠の道を登って行く太郎冠者の場面である。

「さーせい　ほおせい　させい　ほおーせい」

その声だけで、吹雪の中、山道を行く太郎冠者と牛たちの姿が鮮やかに目に浮かび、私は先生の声の力に圧倒された。

凍える寒さ、険しい山道、牛十二頭を束ねるむずかしさ、使われる身の哀しさ、太郎冠者の歩んだ人生を彷彿とさせる声であった。

室町時代から六百年余りにわたって、口から口へ受け継がれ磨きぬかれてきた伝統の声。

私は感激に震え、鳥肌が立っていた。

メンバーのお稽古が一段落した後、先生が、ちょっと、声を出してみませんかと声をかけて下さった。気おくれはしたが、先生の前に出て「さかずきにいー　はい」、「むうかえーばあー　はい」と先生の後をなぞって声を出す。

気分が高揚してきて、私は、精一杯声を張り上げた。結構出るものだと思った。なんだかすっきりと爽やかな気分でもある。

盃に向かえば、色もなをあかくして、千歳のいのちをのぶる酒ときくものを
きこしめせやきこしめせ　寿命久しかるべし。

「盃」という小唄である。

なんてめでたく、奥ゆかしい歌詞なのだろう。酒飲みの私はこの詞にも感激し、キャベツ料理が

取り持つ大先輩との出会いがこんな至福の時につながるとはと、即座に入門を決め、人生の最終楽章の進むべき道が見えたと、幸福感に浸って、足取り軽く夜道を帰ったのであった。

以来十年余り、私は、大藏吉次郎師と、御子息の教義師の指導を受けている。お稽古仲間は、小学生から八十代まで。同好の士としての交わりも楽しく、充実した日々である。

花争――初舞台

狂言を習い始めて二年、悪戦苦闘の小舞を無我夢中で数曲終えたところで、年末の社中生徒のおさらい会に私も出演する事になった。

七十歳まぢかで、研修舞台とはいえ、国立能楽堂の舞台に立つなど思ってもみなかったので、初体験のチャンスに胸が躍った。

先生が決めて下さった演目は「花争《はなあらそい》」。

これは狂言の分類では小名《しょうみょう》狂言、言葉争いものである。

言葉争いの類曲には、和泉流の狂言に「お冷《ひ》やし」（水かお冷やしか）「鶏流《けいりゅう》」（歌うか鳴くか）大蔵流には「舟ふな」（舟かふなか）などがあるが、これらの類曲では、いずれも軍配は太郎冠者に上がり、主人に軍配が上がるのはこの「花争」だけのようである。

登場人物は、主人と太郎冠者で、私は太郎冠者を務める。

桜の季節、主人が太郎冠者を呼び出して、花見に行こうと誘う。

すると太郎冠者は、花見ならばわざわざ出かけなくとも、私のこの鼻をご覧下さいと言う。主人は、其方《そのほう》の鼻など見てなにが面白いものか、花見というのは山に咲く桜を見に行く事だと言う。太郎冠者が、それなら花見ではなく、桜を見に行こうと言うべきだと言い返し、桜か花かで、花争いが始まる。

太郎冠者が「山桜　霞の間にも　仄かにも　見てし人こそ　恋しかるらん」と紀貫之の歌をあげると、主人は、「花の色は　移りにけりな　いたずらに　我身世にふる　ながめせしまに」と小野小町の歌で応戦し、最後に太郎冠者が主人に一本取られ、主人の後から揚幕に下がって行くという筋立てである。

それにしてもこの花か桜かでは、太郎冠者が敗れたが、太郎冠者は、古今和歌集、拾遺和歌集と、すぐに口にできる教養ある従者なのである。

その博識で、主人を助けたり、諫《いさ》めたり、対等にわたり合ったり、やり込めたりと、狂言の世界では中世の主従関係はおおらかで、人間性が豊かで魅力的である。

ついでながら、桜の花のお花見はいつから行われていたか？

西山松之助著『日本の美と伝統』によれば、嵯峨天皇の弘仁三年（八一二年）宮中の花見は桜に決まり、日本最古の歌集と言われる万葉集では梅が盛んに詠われていたが、古今集の時代には桜を詠った名歌が数多く見られるとの事。

室町時代になると、足利義満が花の御所を造営し、桜の木を多数植え、足利義政が大原野で花見をしたとある。

時代は下って、豊臣秀吉の醍醐の花見の豪華さは、「醍醐花見図屏風」からも偲ばれる。現代でも日本中の桜の名所は花見客で賑わい、最近は日本人だけでなく海外から桜の季節を選んで来日する観光客も増えている。

さて、十二月の発表会に向けて、九月から稽古が始まった。

狂言では台本の事を通常、書物《しょもつ》と言う。先生から書物をいただき、先生の後について、お言葉（台詞）のイントネーションを稽古していく。

「これは、この辺りに　住い致すものでござる」と出だしの名乗り。

イントネーションは、二音目強調、センテンスは三段上がりに音を上げていき、語尾は下げないという型が基本である。この基本形を身につけなくてはならない。先生の発音、発声をよく聴いて鸚鵡返しに言ってみる。簡単かと思いきや、これが全く様になっていない。何度も繰り返し、大きな声を出し、イントネーションの練習をして初回の稽古終了。来週は、この名乗りの一行を完成させようと新鮮な体験に気分も高揚する。

ある程度、狂言の調子を理解できたあたりで稽古は次のステップに入る。覚えた台詞を相手と息を合わせてやり取りしなくては、話にならない。お稽古帖には、「言葉の意味を考えて、元気よく、自信ありげに、気合いを入れて、切らずに、ゆっくり、丁寧に、間を置かずに」などなど、先生のご注意の書き込みが増えていく。

言葉の稽古は実に楽しかった。

狂言のイントネーションはなかなか身につかないのだが、今まで経験した事のない言葉と音の世界に入り込んで、喉を鍛え、お腹から声を出す。先生は、当然の事ながら褒めては下さらないのだが、自分では、心中、自分の声は開発されつつあると充実感を覚え、満足していた。

言葉が一段落というより、先生がこのあたりでと見切りをつけられてと言うべきか、所作の稽古に移る。

足の運び、立ち位置、足の所作（かける、ねじる）、手の上げ方、下げ方、向き、回る方向、相手との位置の間合い、お辞儀の深さ等々が覚えられない！

楽しかるべき稽古が、毎回叱られ続ける魔の時間に変わってしまった。

稽古の帰り道、道路や、駅のホームで、ブツブツ言いながら動きの復習をする。通りがかりの人が、このお婆さん、ちょっと危ないと思っているらしいと気が付いて、慌てて、やめたことも。しかし、そのうち開き直って、道路でも駅のホームでも復習をするようになった。

発表会まで稽古日数も少なくなってくる。

何とかしなくてはと、国立能楽堂閲覧室に行き、他流の物も含めて、映像資料を三本見る。大いに収穫があって、少し余裕が出てきた。

先生も苦笑しながら、まあ、いいでしょうと言って下さった。


十二月の初めから相方のKさんと一緒の稽古になった。彼女とは半世紀近い付き合いで、互いに気心の知れた仲である。今回、彼女は主人役。舞台で向き合って、私に向かって、「ヤイヤイ、太郎冠者あるかやい」と言った途端噴き出してしまい笑いが止まらなくなる。

先生は、びっくりあきれ顔だが、彼女の気持ちはよくわかる。私だって、まさか、こんなシチュエーションで、彼女と向き合い、太郎冠者として、「ハーーーア。お前におりまする」と言うことになるとは、人生は面白いものだと思っていたのだから。

そんな不真面目な我々であったが、以来、深く反省し、先生の稽古の他にも二人で練習時間を取り、稽古に励み、何とか狂言らしくなってきたなと、甘い評価が一致する。

先生から、舞台用の足袋を用意するようにと言われる。「狂言足袋」なんて初めて聞いた。そう言えば、狂言役者は白足袋ではなく、黄色い縞足袋を履いている事に気づく。先生が、以前は狂言の足袋は鹿革だったのですよと、良く履きこまれたなめし革の足袋を見せて下さった。なんでも布の足袋しかなくなった時に、革に似た色という事で黄色系の縞足袋が使われるようになったのだそうだ。

一説には、明暦三年（一六五七年）の振袖火事で革が品薄となり、木綿製が普及したとも言われる。

早速、私は高島屋デパートの呉服売り場に出向いた。「奥様、何をお求めでしょうか。ただ今、西陣の良い帯が入りました」と言われて、ジーパンにダウンコートの私は、場違いな所に来てしまったと、気おくれしながら、「あの、狂言足袋はありますか？」と尋ねる。「はあー狂言足袋？」と売り子の女性。するとそれを聞いた老舗の番頭さん風の男性が、「それは、大野屋さんならあるでしょう。確か、新富町ですよ」と教えてくれた。

そこで、Kさんと二人、初めての体験に胸躍らせながら、木枯らしの吹く午後、東京メトロ有楽町線、新富町の駅に降り立った。

出かける前に、パソコンで大野屋総本店を検索して調べておいた。「舞えば足もと、語れば目もと、足袋は大野屋新富形」のキャッチコピーと共に、安永年間創業、嘉永二年（一八四九年）現在の新富町に移転、現在も一人ずつ足型を取り、足袋を作ってくれるとあった。地下鉄新富町駅二番出口から三分。昔ながらの木造二階建てのこぢんまりした店であった。

いかにも実直そうなご主人が、しゃがみ込んで、私の足を見て、四種類のサイズ「細」「柳」「梅」「牡丹」の中から特別甲高の「牡丹」を選んでくれる。色目は三種類の中からこれは私が選び、仕上げてくれることになった。

歌舞伎役者や日舞の踊り手たちの注文を一手に引き受けているので、職人さん達の手が廻らないようではあるが、ともかく、発表会に間に合うようにと頼んで店を出た。

足袋は、発表会の一週間前に届く。次は、パッチの調達だ。

狂言の装束は、当日、職分の先生方が着けて下さるそうだが、その下に着るものは自分で用意する。パッチとは、男物の股引の長いものの事だと初めて知った。そう何度も履くものではなさそうなので、亭主のお古で我慢する事にして、足先にゴム紐をつける。足袋を履く前に、ゴム紐を踵にかけて、パッチから素肌が見えないようにするためだそうだ。久しぶりに夜なべにゴム紐つけの針仕事などして、狂言舞台初体験の準備が整っていく。

さて、いよいよ本番当日。

国立能楽堂、楽屋口の玄関から研修舞台楽屋に入る。小学生から八十代まで、まさに老若男女が「おはようございます。よろしくお願いいたします」と次々楽屋入りする。素人とはいえ、今日はそれぞれ一年間研鑽を続けた成果を舞台にと、少々晴れがましい雰囲気が楽屋に漂う。十二時開演、五時終了予定。

新人の我々の出番は二番目。襦袢《じゅばん》にパッチ、狂言足袋を着け、渡された綿の入った、膝まであるどてらのような胴着を着て、さらに腹込《はらこみ》という小型の座布団のような物を胸に挟んだ姿を鏡で見て、がっくり！　この上に浴衣を着たら、相撲部屋に入門したらと言われかねないありさま。胴着はなぜ綿入れなのかと情けなくなったが、これは、装束をつけるための体型を整え、汗が装束に伝わるのを防ぐために綿を入れてあるのだと教えられ、なるほどと納得。汗かきで、少々太り気味の私だが、やむを得ない。待つ事しばし、太郎冠者の装束を着けて頂く。

まず、縞熨斗目《しまのしめ》の青い格子柄の着物、紺地に白抜き模様の半袴、麻の肩衣を着けて頂く。職分の先生二人が私の前と後ろにまわり、ぐっと力を込めて締めて下さると、思わずよろけてしまう。「大丈夫ですか」と聞かれて、「はい」と答えたものの、コルセットを侍女に締めさせている西洋の貴婦人の映像が思い浮かんだ。

この締めで、私の気分は、一挙に引き締まる。

鏡の間の大鏡の前に立つと、白髪頭の熟年太郎冠者が私を見ている。

これは、私なのだと、鏡を見つめていると、私の魂が、すっと鏡の中に入っていったような錯覚を覚える。そうだ！　私はもう太郎冠者なのだ。

揚幕をくぐって、橋掛かりに出たら、今までの不安や緊張感が消え、私は、完全に中世にタイムスリップした。舞台裏のあの大鏡は、魔法の鏡なのかもしれない。身体中の血が一瞬のうちに入れ替わったような不思議な感覚だった。

主人に従い、うきうきと舞台に進み出る。頭の中は、うらうらと暖かい春である。主従で風情のある花争いを始めるのだ。霞に浮かぶ山桜、散りゆく桜など詠んでいるうちに「なんでもない奴、しさりおろ」と主人に叱られて、「はあー」とかしこまり、主人の後から橋掛かりへ。再び揚幕をくぐると、瞬く間に夢から覚めて現実に戻る。先生への挨拶をすませると、汗びっしょりの自分に気づく。余韻に浸る間もなく装束を脱ぐ。

しばしの異次元の世界は、実に楽しかった。

九月に稽古を始めてから、数々の初体験があり、ときめきがあり、新しい世界を手に入れた幸福感が心に溢れた。

Kさんと「やったね！」とハイタッチ。年がいもなくはしゃいで、遅いランチ。

楽屋食堂の焼きそばがおいしかった。

大藏教義先生の一言

「花争」の太郎冠者は、自分の知識をひけらかしたい気持ちを無邪気に演じる事が大事。

主人を負かしたいというより、歌争いで主人とじゃれ合う心が出ると良いです。

柑子——長袴を着ける

柑子《こうじ》とは、ミカン科の常緑低木。葉は小形。果実は温州ミカンより小さく、果皮薄く果肉は淡黄色。酸味は少ないが味が淡泊。日本で古くから栽培された。(『広辞苑』)

八世紀頃に中国から渡来したとも言われる。平安時代中期の宇津保物語、後期の今昔物語、鎌倉時代の宇治拾遺物語、徒然草にも柑子についての一文がある。

「柑子」は、狂言の分類では、小名狂言、太郎冠者物。当時は珍しかった柑子を取り上げたしゃれた小品である。

太郎冠者と主人は、ある夜宴会に招かれ、お土産に三つなりの柑子をもらう。ところが、気持ち良く酔っていた主人は、何をもらったのか覚えていない。

翌朝、柑子をもらった事を思い出して、太郎冠者に問いただす。

実は、太郎冠者は、三つとも食べてしまったのだ。その言い訳が振るっている。

「そのことですが、二つなりさえ珍しいのに、三つなりでしたから大切に持っておりましたところ、一つ、臍《ほぞ》が抜けてコロコロ転がりましたので声をかけました。『好事（柑子）門を出でず』という事があるではないか！　すると、柑子が停まりましたので、己《おのれ》憎い奴、臍など抜ける奴があるかと皮をむき筋まで取って、食べてしまいました」

主人「食べてしまったのならしょうがない。後の二つを出せ」。すると太郎冠者「それが、今度は臍が抜けないようにと懐にいれていたのですが、潰れてしまい、腹が立ったので、今度は皮もむかずに食べてしまいました」。

がっかりした主人「一つならいざ知らず、二つとも食べてしまうやつがあるものか！　ともかく、残った一つを出せ」。太郎冠者「それには哀れな話があります。平家物語の俊寛が鬼界ケ島に流され、一人取り残されました。それと同じく、柑子も一つは臍抜け、一つは潰れ、一つは残る。人と柑子は変われども思いは同じ、何と哀れな物語ではござらぬか」と言って泣き出す。

主人「俊寛の話はそれとして、残った柑子を早く出せ」とせかすと、「ですから、今の話にある通り、太郎冠者の六波羅《ろくはら》（腹）に納まりました」と結ぶ。

狂言の台詞には、語呂合わせや、言葉遊びが多く、擬音語、擬態語も奇抜で面白く、言葉の世界が豊かで、実に楽しい。

さて、今回、私はアド（脇役）として、シテ（主役）の太郎冠者を盛り立てなくてはならない。人の良い、鷹揚な人物なのだろうが、どうも会話のやり取りが平板になりがちで、退屈なやり取りになりそうだ。どうしたら、この問題を解決できるかは、おいおい考える事にして、まずは、初演の「花争」でできていなかった台詞のイントネーション、摺り足、構え、腰を落とす事、しっかり声を出すことなど、基本を身に着ける事を目標とした。

しかし、肝心の主人の台詞に気持ちが入らない。これでは、Kさんもやりにくかろうと、ある日の稽古で、大げさに受けてみる。すると、先生は渋い顔。品がないですねとおっしゃりたいのが自分でも解る。

狂言の基本もできていないのに、ただ薄っぺらな安っぽい演技。

改めて、狂言の（伝統芸能全般に言える事だろうが）長い年月をかけて磨き抜かれ、受け継がれ、洗練されてきた芸の重みを思い知らされる。

素人がやるのだから、高望みはしても仕方がないのだが、それでも、中世にタイムスリップできるワクワクする舞台は楽しく務めたい。

困った時の国立能楽堂閲覧室。人間国宝、茂山千作さんの「柑子」を見る。

人間味の豊かさ、おおらかさ、渋さ、素晴らしい主人！

参考にしようなどとは、おこがましい。せめて肩の力を抜いて、あるがままの自分で、楽しく務めようと気づかせてもらっただけ、収穫はあったと言うべきだ。

今回の役は、動きはそれほど難しくはない。と言うと、余裕ありげに聞こえるが、その実、長袴が心配の種なのだ。

狂言では大名はもちろん、小名でも長袴を着ける。足を包んで、後ろに三十センチほどひきずる。実に歩きにくそうだし、回りにくいし、うまく足が運べず、転んだらとんだお笑い草だ。長袴は、本番当日しか着られないので、それらしき感覚を体験しておこうと、家で、長めのスカートを膝のあたりで足に結わえ、歩く練習をしてみる。折悪しく家人が外から帰ってきて、「何、その恰好」と大笑いされる。ともかく、素人にとっては、狂言以前に越えなくてはならない試練や心配事が次々に出てくるのだ。

職分の先生から、袴を少し上に引っ張り、余裕を持たせ、ちょこちょこ歩かないで摺り足を忘れないようにすれば、滅多に転んだりしませんよと笑い顔で言われる。

そうこうするうち、早、師走。二度目の舞台が近づいた。

街の果物屋、スーパーマーケットの店頭に柑橘類が並ぶ。お歳暮やお年賀に産地からミカンが届く季節になった。

柑子を扱った演目には、和泉流に「柑子俵《こうじだわら》」がある。

うっかり、暮れに、柑子を二重売りしてしまった農家の主人の話である。

そんな事を思い出しながら、稽古の帰りに初物のミカンを買って帰る。


発表会の当日。

楽屋入りにも慣れて、先生へのご挨拶、仲間への挨拶もすませ、わりにゆったりした気分で着換えに入る。パッチ、足袋、肌襦袢、胴着いずれも経験済み。職分の先生に呼ばれるまで、仲間の姿を見まわす。みんな白い綿入れの胴着にパッチを履いてウロウロ。なんだか時代劇の監獄の囚人達を彷彿とさせる。

今回シテを務めるKさんは、ブツブツと台詞の復習。私ものんびりしてはいられない。長袴の出《いで》立《たち》は初体験。みっともない事になってはと緊張感を取り戻す。

装束は、前回同様、職分の先生が前と後ろにまわり、着けて下さる。

ここがポイントと、袴のすそをかなりたっぷり持ち上げたら、「そんなにたるませると、かえって扱いにくいですよ」と、程よい緩みにして下さった。

使うわけではないが、刀をさし、御扇子をさし、貫禄ある主人ができ上がった。鏡の前に立ったが、今回は鏡に吸い込まれる事もなく、私が長袴姿で映っているだけだった。しかし、タイムスリップ、タイムスリップと呪文をとなえ、摺り足、摺り足と橋掛かりを舞台に向かう。長袴さばきは思ったよりスムーズで、向きを変えるために少し蹴ると、もつれる事もなく、気分もゆったり、人の良い主人になれたような気がする。おおげさでなく、わざとらしくなく、自然体で気持ちを込めて、太郎冠者とやり取りし、つつがなく？　十二分間の中世暮らしを終えて退場。先生にご挨拶をして、九月からの十七回の稽古の総集編を終わる。

しかし、興奮が納まり、冷静に振り返ってみると、どこか物足りなく、

仏壇の柑子を落とす鼠かな（正岡子規）

鼠ではないが、柑子を落としてしまったような気分になる。

ところで、食べ物がテーマの狂言は、「昆布売り」「栗焼」「鱸《すずき》包丁」「蛸」「柿山伏」「業平餅《なりひらもち》」「瓜盗人」「文蔵」など数が多い。

演目を抜き出してみても、中世の食生活の豊かさに驚かされる。いつか、これらの曲にも挑戦したい。

好事（柑子）魔多しにならないよう稽古を重ねて。

●大蔵教義先生の一言

主人は、太郎冠者のウソは最初からわかっていたのかもしれません。

その上で、太郎冠者がどんなウソを連ねるか興味があったのかもしれませんね。

因幡堂――弱気な夫の気分になって

「因幡堂」は狂言の分類では、聟・女狂言、夫婦物である。

夫婦物には、「鎌腹《かまばら》」「右近左近《おこさこ》」「鏡男」「千切木《ちぎりき》」「水掛むこ」「箕被《みかずき》」などの演目があるが、そこに登場する妻は、もちろん良妻もいるのだが、圧倒的に悪妻の方が存在感がある。

共通する性格は、気の強いしっかり者。亭主を尻に敷く、いわゆるわわしい女である。そんな悪妻の中でも「因幡堂」の妻は悪妻中の悪妻である。

大酒飲みで、家事は怠け放題、ややもすると、夫をからかったり、いじめたり。

こんな妻を持った夫の心中は……？

男は、常々、この不作の妻を何とか離縁したいと思っていたのだが、ある日、チャンス到来。妻が実家に帰ったので、これ幸いと三行半《みくだりはん》を送り付け、やれやれこれで新生活が始められると心ウキウキ。新しい妻を授かりたいと、早速五条の因幡堂に御籠りに出かけるのである。

それにしてもいかに中世と言えども、去り状を送り付けただけで、簡単に離縁できるものなのだろうか？


ともかく、因幡堂に出かけた男は、御堂の前に額ずき、「いや、誠に因幡堂の御薬師は、現仏者（霊験あらたかな仏様）でござるによって、定めて良い妻を授けて下さるだろう」と祈願して眠りにつく。すると、西門の一の階《きざはし》に立つ人を妻にせよとの御霊夢を頂き、ご利益があったと大喜び。早速行ってみると、夢が現実となって、一の階に被衣《かつぎ》を被った女が立っているではないか！ 欣喜雀躍、声をかけたいところだが、気の弱いこの男、恥ずかしくて中々声がかけられない。やっとの思いで、「御霊夢の おつま ではござらぬか」と聞くと、女は強く頷《うなず》いてくれる。

有頂天になった男は、家に連れて行く道々、因幡堂のお薬師が授けてくれた妻だから、千年、万年仲良く添い遂げよう。実は、前の妻は大酒飲みで、家事は怠け放題、自分を馬鹿にするとんでもない悪妻で、ほとほと嫌気がさしていたと語ってきかせる。

家に着いて奥に坐らせ、固めの盃をしようということになる。

いそいそと盃を用意する男。女は、被衣を被ったままで盃を受ける。今度は私がと、男が盃を取ろうとすると、盃を放さない。それでは、もう一献、さらに、一献。男は酒を継ぎ足しに立つ。

嫌な予感がする。前の妻は大酒飲み。せっかく因幡堂のお薬師に授かった新しい妻もどうやら酒が強いようだ。自分は、よくよく酒好きの女に縁が深いらしいと、又なみなみと酒を注ぐ。豪快に飲み干してさらに盃を出す女。

さすがの男もしびれを切らし、無理やり女から盃を奪い、自分で酒を注ぎ、飲み干し、固めの盃をすます。

それでは、いよいよご対面。被衣を取るように言うと、女は又いやいやをする。

恥ずかしいのなら、身共《みども》がとってあげましょうと傍により、被衣をとるやいなや、「やい！　和男《わおとこ》」と女は叫ぶ。なんと！　離縁したはずの女房であった。

「あれ……お・ま・え……」と腰を抜かす男に、「よくも因幡堂に妻乞いに行ったな！　己喰い裂こうか、引き裂こうか！」と鬼の形相。気弱な男は、「因幡堂にそなたの息災を祈りに行ったのだ」などと苦しい言い訳をするのだが、最後は、「ゆるいてくれい、ゆるいてくれい」と逃げて行き、わわしい妻は「あの横着者、とらえてくれい、やるまいぞ、やるまいぞ」と橋掛かりを追いかけて行く。

ところで、因幡堂は京都下京にあるお寺、正式名は真言宗平等寺。本尊が薬師如来なので、因幡薬師とも呼ばれるらしい。

「かつては、広大な寺域に講堂を構え、広く庶民の信仰を集めた」と『能楽大事典』にある。狂言では、「鬼瓦」「仏師」「六地蔵」の舞台にもなっている。

私は、京都が好きで、度々でかけていく。因幡堂もお参りしたことがあったはずだが、これといった記憶がない。そう言えば「がん封じのお寺」と聞いて参ったような気がする。

「因幡堂」を演じることになったとき、その時の写真があれば、何かヒントになるかもとアルバムを何冊も開いてみたが、残念ながら因幡堂の写真は一枚もなかった。狂言を始める前の私にとって「因幡堂」は影の薄い寺だったのだ、申し訳ないことだけれども。

インターネットでも検索してみたが、「因幡堂」の男が「何《い》時《つ》参っても、森森として、殊勝なお前でござる」と言ったイメージはわいてこなかった。

舞台を終えてずいぶん経ってから、知ったことがある。私が「因幡堂」を演じる一か月程前に、京都の茂山狂言会が、因幡堂で「因幡堂」を上演したらしい。見ておきたかったと思ったが、後の祭りであった。

さて、今回、私は、シテの情けない男を務める。やっと悪妻から解放されて、新しい妻とのめぐり逢いにウキウキする男を、うまく表現できるだろうか。

筋の運びはスムーズで、やり取りは少なく、言葉は覚えやすかった。

次に、動きの稽古。前に演じた「花争」「柑子」に比べると、格段に複雑である。身のこなしも立ったり坐ったりが忙しい。因幡堂で御籠りをする場面、御霊夢の妻に声を掛ける件《くだり》、妻との道行、最も難しいのは、盃に酒を注ぐ、飲むの繰り返しの場面だ。

狂言の演目には、酒を酌み交わす場面が結構多い。扇で酒を注ぐのだが、高さ、速度、角度で、注ぐ酒の量、注ぐときの酒の音まで聞こえてくれれば最高だ。

そして、その繰り返しに男の心理の変化も乗せていかなくてはならない。

この頃のお稽古帖には、声を大きく、明るく、言葉と動作の整合性、目線、姿勢、お互いの位置、盃の持ち方、扇の上げ方、角度、酒の注ぎ方、飲み方は優雅に、など注意事項が並んでいる。

自分の姿は見えないので、お互いに注意し合おうと、Kさんと二人でカラオケボックスで集中練習。お婆さん二人の客と珍しがられても、以来、我々は、カラオケボックスの季節愛用者となった。

こうしたできる限りの努力にもかかわらず、結果は残念ながら満足のゆくものにはならなかった。

話は、とても面白いのだが、固めの盃の場面では、客席を巻き込む技がいる。シテの男の心の動きも、平板であった。

女の私が、悪妻を離縁し、新婦を貰って喜ぶ男の気分を味わいたいなどと、興味本位で役に取り組んだものの、心中は、いかに悪妻と言えども、妻への共感もあり、今一つ乗れない自分にがっかりする。

やはり「因幡堂」は今の私達のレベルでは、無理な演目だったのかもしれない。

改めて、因幡堂にご利益を祈願しに行けばよかった！

大藏教義先生の一言

因幡堂の夫と妻は、お互い自分をさらけ出しやすい幼馴染のような関係かと思います。
二人の間には、「恥」や「気遣い」が良い意味でない。
二人の心の距離感が大切です。

「総じて婚礼の盃は女から呑うでさすものじゃ。それならば、注いで進じましょう」

撮影者：岩田アキラ

飛越――勇気をだして

東日本大震災の翌年、年末の発表会では、「飛越《とびこえ》」のアドを務める事になった。分類は、出家狂言、新発意《しんぼち》ものである。

新発意とは、発心《ほっしん》して新たに仏門に入った者。出家して間もない者。(『広辞苑』)

この年、私は、三十年以上暮らした我が家を引き払って、九十四歳の母の暮らす老人マンションの住人になった。今までの四分の一程度の居住空間で暮らすために、大いなる断捨離を決行し、人生何度目かの飛び越えをした。

私を育ててくれた思い出の品々との別れは寂しかったが、シンプルな生活の始まりは、すがすがしく心地よく感じられた。

ここまで歩んできた人生を振り返ると、飛び越えた事、飛び越えられなかった事、飛び越えるべきだった事、飛び越えなくてよかった事などいろいろあるが、いずれも多少の勇気と、決断が必要だった。

つい、飛び越えの連想でわが身を振り返ってしまったが、今回の演目で、川を飛び越えられないのは、私ではなく、シテを務めるKさんだ。

さて、この演目の筋立てだが―。

茶の湯に招かれた男が、かねてから、誘ってほしいと頼まれていた檀那寺の新発意と連れ立って出かけると、橋のない川にさしかかる。男は、難なく飛び越えるが、新発意は臆病で、なかなか飛び越えられない。業を煮やした男が戻ってきて、手を取り、掛け声を合図に一緒に飛ぶのだが、新発意は飛び越せずに川に落ちてずぶ濡れになる。男があきれて、まるで濡れ鼠だと笑うのに腹を立てた新発意は、男がかつて寺の門前で相撲を取って投げ飛ばされた事を持ち出して、嘲笑する。今度は、男が怒って、それじゃあ、お前と相撲を取ろうと言って、相撲を取るが、新発意は男を投げ飛ばして、「勝ったぞ勝ったぞ」と帰って行く。

男は相撲は三番勝負ではないか。逃げるとは卑怯だ！　誰かとらえてくれい、やるまいぞ、やるまいぞ……と追いかけていく。

この演目の解説によると、「子供の喧嘩のように他愛ない趣向だが、単純明快さも狂言の特色の一つ」とあるが、私には、新発意の屈折した態度が、どうもひっかかる。自分から、茶の湯に誘ってほしいと頼んでおいて、このありさまはなんだろう。

ところで、新発意がシテを務める狂言の演目は、「飛越」「お茶の水」「花折《はなおり》」「骨皮《ほねかわ》」などがあり、それぞれ独特の個性を持つ新発意が登場する。住持に頼まれた、茶会用の水汲みを断っておいて、好きな女と水汲みを楽しむちゃっかり者。住持の言いつけを破り、留守中に、花見客を庭に引き入れ、桜の枝を折って土産に持たせる不心得者。無知なるが故に失敗して叱られる者。

これらの新発意からは、いずれも、仏門での修行の様子は見えてこない。どうも寺の雑用全般を受け持つ、太郎冠者的存在のようである。

さて、我々のお稽古の日々である。

九月の初めに書物を頂き、例によって、先生の後から台詞を鸚鵡返しでなぞって、イントネーション、アクセントを覚える。自分のパートの台詞を覚えると、先生との言葉のやり取りへと進む。このお稽古は、実に贅沢で楽しい時間だ。言葉のやり取りで一曲を通すのだが、先生の台詞、声、表情に導かれて、やる気スイッチが入り、普段の実力の何倍もの力がついてきたような錯覚をして、ワクワクする。

しかし、その後に、地獄が待っている……と言うと大げさではあるが、立ち稽古に入ると、どうして私はこの年になって、狂言など習い始めたのかと落ち込む日が続くのである。


今回の「飛越」のお稽古帖を開いてみると、長袴で川を飛び越える所作がまるで駄目、片足立ちがふらついている。全曲の動きが覚えられない、飲み込みが悪すぎると、愚痴や、ぼやきが続く。先生も、あまりの覚えの悪さにイライラされているのだろう。いつだったか、「あなたは、すぐ、ノートに書きとるでしょう。後で覚えるのではなく、今、真剣に覚える気構えが足りないのです」と叱られた事があった。ひどく落ち込んで、以来メモ書きは控えるようにしているのだが、何しろ、幼稚園時代には、スキップができなかったし、中学時代の運動会のフォークダンスでは、皆が左方向に動いているのに、私だけ右方向に動き、大恥かいたりと、方向感覚、運動神経がまるでないのだから仕方ないと内心で開き直る。

十一月に入ると、この美しい落ち葉の季節に　落ち込んでばかりはいられない。頑張ろう！　と、ジムのスタジオで鏡を見ながら練習し、筋トレ。体幹、膝、腹筋とせっせと励み、身体能力が向上したと自己暗示をかける。

いよいよ十二月。シテのKさんとの稽古。なかなか息が合わない。掛け声の掛け方、手の取り方、転ぶタイミング、きれいな転び方、先生も細かくチェックして下さる。

相撲の場面は、ドタバタせず、舞台の方向を意識してきれいになど。お稽古の帰り、二人で激辛担々麵を食べ、辛い辛いと汗をかきながら、闘志を燃やす。

最後の稽古日。先生は、少し面白くなってきましたよと言って下さる。始めは、箸にも棒にもかからない状態から三か月の積み重ねで、なんとか仕上げて下さる先生のご指導の見事さに、いつもの事ながら、感謝する。

さて、いよいよ本番当日がやって来た。

装束を着けて頂き、鏡の間で出番を待っている間に、緊張感が高まって、途中で咳こみはしないか、台詞を忘れたらどうしようか、袴でつまずかないかなど、初舞台と同じ不安に駆られる。大先輩のEさんが、「飛越」の要点は、掛け合いの気合いだ。即興の呼吸にかけて舞台を楽しんでいらっしゃいと送り出してくださる。

後日、先生や先輩、家人からの暖かい?感想。

舞台では開き直りが必要なのに、今一思い切りがない。お互いの信頼関係が足りない。客席に対する意識がない。自分たちだけで会話しているから声が小さい。

いちいち、ごもっともな御忠告。新しい年に、「飛越」の課題山積。

でも、目標があるのは幸せなこと。来年も明るく頑張りましょうね、Ｋさん。

●大蔵教義先生の一言

アド（檀家の男）は、信心深く、義理堅いのかもしれませんが、見栄っ張りですね。

川に落ちたシテ（新発意）を笑い飛ばしますが、小ばかにするような笑いでは品がありません。

誰しも、隠したい失敗はあるもの。人間本来の姿に近いと思います。

仏師——間抜けな詐欺師になる

五回目のおさらい会で、私はシテで「すっぱ」をさせて頂くことになった。すっぱは、らっぱ、間者、忍びの者、草とも言われ、盗賊、すり、かたり、スパイと人を騙す事を生業としている怪しげな人間である。

狂言の分類では、「仏師」はすっぱ物である。「金津《かなづ》」「三人片輪」「磁石」「長光《ながみつ》」「仁王」「六地蔵」にすっぱが登場するが、いずれも悪事は失敗に終わる。

現代の振り込め詐欺などとは大違い、狂言に登場する中世の庶民は、簡単には騙されない。すっぱ稼業は労多くして報われない稼業である。

ところで、私は子供の頃、アルセーヌ・ルパンの大ファンで、作品はほとんど読んでいたし、日本で言えば、石川五右衛門、鼠小僧、雲霧仁左衛門も好きである。

狂言の世界だからこそ味わえる小悪党。すっぱの初体験、楽しみである。

まず、あらすじを紹介しよう。

自宅に持仏堂を建てた田舎者がそこに納める仏像を求めて、都にやってくる。ところが、どこで手に入るのか、わからず「仏、買おう、仏、買おう」と呼ばわっていると、それを聞いたすっぱが声をかけ、自分は由緒正しい仏師だと騙り、明日までに仏を作ってやると約束をする。


次の日、約束の場所ですっぱは、買い手の田舎者にでき上がった仏像は因幡堂の後ろ堂に置いてあるから見に行くように言い、自分は大急ぎで、乙《おと》の面《おもて》を着けて後ろ堂で仏になりすます。仏像を見た田舎者は、印相《いんぞう》が気に入らず、偽仏師のすっぱに印相を直すように頼む。偽仏師も大急ぎで仏に戻って、印相を変えてみる。田舎者は中々満足しない。気に入らないと言われるたびに、仏になったり、仏師になったり。せわしなく早変わりをしているうちに、とうとう、正体がばれてしまう。

そして、最後は、お決まりの展開。

「ああ、ゆるいてくれい。ゆるせ。ゆるせ。ゆるいてくれい」と、すっぱ。

「ようも、ようも、身共をたらしおったな。あの横着者、誰そとらえてくれい、やるまいぞ、やるまいぞ……」と田舎者はさけびつつ、揚幕に消えて行く。

この演目の見せ場は、成りすましの仏の様々な印相《いんぞう》である。

印相は六通りある。最初の二つ位は決められた型があるが、後の四つは演者に任される。ハートマークを作ったり、アスリートの決めポーズを借用したり、ともかく、お客様に笑ってもらえる印相を工夫しなくてはならない。

国立能楽堂閲覧室でＤＶＤを借り出し、仏師を演じたプロ達の印相で、お客の笑いの多いポーズを参考にさせてもらい、印相六種類を決めた。

私としては、かなり面白い印相ができたと、当日の客席の反応が楽しみであった。

そうこうするうち、早十二月。本番まで、稽古、後三回となり、Ｋさんと一緒の稽古が始まる。

ここにきて、先生から乙の面を着けていただく。

狂言を習い始めて五回目の舞台で、面を着けるのは初めての体験。普通、面を着けると視野が狭まり、舞台での動きや、相手との位置関係がつかみにくく、台詞も声がくぐもって聞き取りにくくなるので緊張感が増すのだが、「仏師」の場合は、面を着けている時間は、ほんの数秒なので、その苦労はない。その代わり、面を着けたり、外したり、相手とリズミカルにやり取りしなくては面白くならない。

このクライマックスで、笑ってもらえれば、秋からの稽古の日々は報われるというものである。


いよいよ本番当日。

私達の出番は、二時頃。待ち時間が長く感じられる。緊張感が途切れそうだ。

狂言を若い頃から続けている先輩から、人に見てもらわなくては上達しないと言われた事もあり、今回、私は、親戚、友人に案内を送り、十五人位が見に来てくれる事になっている。ちょっと厚かましかったなと弱気になりながら、仏師の装束を着けて頂く。僧侶の被るような黒い繻子の縁のついた辛子色の頭巾を被り、お揃いの辛子色の十徳（羽織のようなもの）を着せて頂く。

さて、どんな具合かと鏡を見たら、いかにも弱気なすっぱが映っていた。

もっと、自信を持って！　これから人を騙すのだぞと気合いを入れる。

いつもの通り、先生に「楽しんでいらっしゃい」と送り出されて橋掛かりを舞台に向かう。装束が仏師なので、何だか、僧侶になったように錯覚しそうだが、私は、都大路を獲物を探して、走り回る詐欺師なのだ！と、中世へのタイムトンネルをくぐる。


印相のパフォーマンスも笑いが取れていて、息も合っていて、リズムも良かったと、優しい先輩が、ほめてくださる。新しい年へむけてのはなむけの言葉として、うれしかったが、私としては、悪事は失敗に終わるとわかってはいても、ルパンや鼠小僧のようなカッコよさがなかったのにがっかりした。

もう少し修行を積んで、またいつか、グレードの高い詐欺師を演じたいものである。

●大藏教義先生の一言

この演目の難しい所は前半が説明的であることです。

しかも、動作がほぼないので、言葉の調子や抑揚でいかに引き付けるかがポイントです。

さらに流暢にしゃべる事。相手の気持ちに寄り添ったり、突き放したりするのもいかにも詐欺師っぽく見せる事ができますが、やりすぎると胡散臭くなる。役の線引きが難しいところです。

逆に後半は、正体を見破ろうとするアド（田舎者）との攻防です。このあたりは型通りにすると堅くなってしまうので、あまり指導はしませんでした。ノリが大事だと思います。

「この印相は気に入らん、その印相も気に入らん、あれも気に入らん、これも気に入らん」

金藤左衛門——憧れのおんな装束を

おさらい会出演は、六回目となる。通常、演目の選定は、いくつかの候補から、先生が決めて下さるのだが、今回はシテを務めるKさんが、私に何をやりたいかと聞いてくれたので、できたらきれいな装束をつけて、女をやりたいと希望を伝えた。

Kさんは先生と相談のうえ、「金藤左衛門《きんとうざえもん》」にしたという。「金藤左衛門」？　知らない演目なので、早速狂言ハンドブックを開く。

集狂言《あつめきょうげん》。山賊もの。シテのKさんが山賊で、私は希望通り、美男鬘《びなんかずら》を着けた若い女性役である。

今回の私のいでたちは、若い女性の旅姿である。彩り鮮やかな美しい箔《はく》という着物に、華やかな模様の女帯（半幅帯より細い）をしめ、頭にはびなんを巻き、その上にこれまた美しい刺繍の施された、大きめの巾着袋をのせる。巾着袋の中には、旅の手道具として、鏡、紅、髢《かもじ》、帯、小袖、茶わんが入っている。本番当日にこの美しい装束を着けている姿を想像すると、稽古に気持ちがこもってくる。

「童はこのあたりに住まいいたすもので御座る。山一つあなたに親里の御座るを、久しゅう便りもいたさぬによって、今日見舞いに参ろうと存ずる。まず、そろりそろりと参ろう」と言って道行がはじまる。

この「そろりそろりと参ろう」という台詞は狂言の旅の決まり文句。近くに出かける場合でも、かなり遠くへの旅でも同じくこの台詞で、舞台を三角に動く。

「いや、まことに、山道で御座るによって、たそ人を連れて参りとう存じて御座れども、皆の者に暇が御座らぬによって、童一人で参ることで御座る」と女の一人旅の心細さを感じながら山道を行く。そこへ件《くだん》の山立ち（山賊）金藤左衛門が、刀をさし、長刀を担いで現れる。そして、母への土産に縫った小袖が入っている袋を取られてしまう。しかし、そこは泣き寝入りはしないのが中世の女である。悔しさのあまり、金藤左衛門の様子を探っていると、彼は、長刀を脇に置いて、奪った袋から中身を取り出して、ひとりごと。

「これは、髭じゃ。これはいいものでござる。これを入れて髪を結ったならば、女房のみめも良くなることだろう。紅もある、帯もある。某の女房は悪女でござるによって、この道具で化粧したら少しは見やすくなるでござろう」などと愛妻振りを発揮している。山立ちとはいえ妻があるのだ。これを見て、旅の女の私は、「のうのう、腹立や、腹立や。さてさて憎い奴。何卒《なにとぞ》して取り戻したいもので御座る。いや、思いついた致しようが御座る」と俄然、強気な女に変身する。

そこで、逞しい女を演じようと、調子に乗って、どすをきかせて山立ちをいたぶり始めたら、先生からチェックが入る。「貴女は山立ちではありませんよ。若い女がおっかなびっくり、奪った長刀の使い方もぎこちなく恐ろしい山立ちを脅しているのですよ」と。中世の女は、逞しくもあるけれど女らしさも大事と反省。

今回の演目での新しい体験は、女装束。狂言の女役は素顔にターバンのようなびなん鬘をつけることである。

びなんは、幅、三十センチ、長さ五メートルの白い木綿の布である。それを眉の上から頭を包み、前頭部で結ぶ。そして、残りの両端を左右に垂らし、帯に挟み込み、腰のところで、両手で握っていなければならない。

京都の桂女《かつらめ》の風俗によるとの説もある。男性が女性を演じる不自然さが緩和されるという効果や狂言の女性の明るさ、逞しさを表現するために使われるようである。

もう一つの初体験は、山立ちから荷物を奪い返すための長刀の扱いである。

どう持って、どう構え、どう脅すか、取り戻した品々をどう手元に引き寄せるか、これも舞台で美しく見せなくてはならない。

本番舞台での立居振舞が自然にできるようにと、自宅での稽古に、和服を着てみる事にした。すると、又新たな問題が発生する。着物の身幅が狭いのでしゃがみこむとどうしても前が乱れて、あられもない恰好になる。当日は、装束の下には、綿の入った胴着を着るのだ。その分の厚みも加わる事になる。

上品にしゃがんで、片膝を付く練習も繰り返すが当日まで不安が残る。

しかし、この問題はじきに解消した。古典芸能、歌舞伎、能、狂言は、女役も男が務めるので、着物の身幅はたっぷりとってあるからその心配はしなくて大丈夫と職分の先生に笑われた。そうか、それなら思い切って動けると、ほっとする。

ところで、今回の難題は言葉覚え。これが思いのほか進まない。「こちへおこせ、早うおこせ、皆返せ、早う戻せ」など似たような台詞を繰り返さなくてはならない。加えて、脅しの文句も紛らわしい。「なで斬り、首落とし、腹つき、手の切り落とし、突き刺し、胴腹に穴をあける」など言い換えなければならないのだが、その順番がおぼえられないのだ。

結局、稽古は、エキストラの特訓も入れて、本番まで三十回を超えた。

さて、本番当日。お天気に恵まれたのは、有難かった。

赤い地の華やかな小袖に、可愛いのを選びましたよと、教義先生がこれ又、若々しい美しい女帯を締めて下さる。鏡の前に立ってみると、美男鬘で白髪頭は隠れたが、眉もかくれて、団子鼻が強調され、ちょっとがっかり。

しかし、装束の美しさが背中を押してくれて、何とか里帰りの若妻気分になれた。

始めのうちは、客席の一番後ろめがけて声を出しているのだが、二人の掛け合いになると、声も小さく、動きも小作りになってしまう。それでも何とか、クライマックスで立ち直る事ができた。

「いちだんの幸せをいたいた。急いで戻ろう。うれしやの、うれしやの……」と、揚幕をくぐる。

橋掛かりの、一の松あたりで、私は拍手に送られていたのだが、舞台では、Kさんが金藤左衛門最後の台詞を語っている。

「これはいかなこと。女と侮って油断したれば、折角取った物はさて置き、こちの物をあちへ取られた。……女共が腹を立てるであろう。何と致そう。イヤ、古き人の言葉に、積善の余慶と言うて置かれた。人に物を施せば、必ず幸いの来るとのことじゃ。某もまた、良い幸せがあろうものを、この悦びに祝いなおいて笑って戻ろう。はあーはあーはああ」

と泣き笑いのような笑い止めをして下がってくるのである。

山中で、女を相手に追剥をしておいて失敗し、か弱い女にしてやられて、積善の余慶などと自らを慰めるところが、狂言のあっけらかんとした面白さ、おおらかさである。

いつも厳しい批評をする家人が、今回は、演目の面白さと装束に助けられて、まあまあだったと言ってくれた。

私の舞台を初めて見てくれた友人たちは、真剣に取り組む私の姿に驚いたとメールしてきた。先生に、楽しかったでしょうと言われて、そんなはずないじゃないですかと言おうとして、いやいや、このお稽古の三か月余りの緊張の日々、少しずつ仕上がっていく過程、仲間の助言、見に来てくれた友人達、私は、至福の時を過ごしていたのだと思い到る。これも「積善の余慶」かしら？

●大藏教義先生の一言

逆襲をしている女性ですが、ムキになっては品がありません。
脅す場面でも「自分がやっている事に恐怖心を持つ」事が大事だと思います。

「おのれ、童が物を戻さずば、突き殺いてやろう」

撮影者：岩田アキラ

清水――太郎冠者鬼になる

節分の赤鬼、青鬼、桃太郎に退治された鬼、こぶ取り爺さんの鬼、いずれも怖ろしい形相に似合わず、どこか間抜けで親しみ深い。狂言に登場する鬼たちも又しかりである。

「鬼狂言」の分類には、鬼に成りすまして主人を脅す「伯母ケ酒」「清水」、人間の女に恋をして言い寄る「節分」「鬼の継子」、腰を痛めた鬼が人間の医者に治療を頼む「神鳴《かみなり》」などがある。


今回、私は「清水」で、鬼に成りすまして主人を脅す、シテの太郎冠者を演じる事になった。どういういきさつで主人を脅す事になるのか、まずあらすじを。

ある日、主人は、自分も世間で盛んに行われている茶会を催そうと思い立ち、太郎冠者に、名水の評判の高い、野中の清水に水汲みに行くように命ずる。時刻は、七つ（午後四時過ぎ）である。太郎冠者は、四時を過ぎると鬼が出ると行くのを渋る。主人は、女、子供であるまいにと、秘蔵の桶を持たせる。あくまでも行きたくない太郎冠者は、一計を案じて、鬼に襲われ命からがら逃げて来たと主人に報告する。

すると主人は、では、秘蔵の桶はどうしたと聞く。太郎冠者が、鬼に投げつけて逃げて来たと言い訳すると、主人は、あの桶はお前の二人、三人よりも大事な物だから、取り返してくると出かけていく。慌てた太郎冠者。困った事になった。主人が清水に行っても鬼は出ないだろう。どうしたらよいか。幸いここに鬼の面がある。之を被って鬼に成りすまして主人を脅す事にする。散々主人を脅して太郎冠者は意気揚揚と帰ってくる。後から命からがら帰って来た主人は、疑いはじめる。鬼の声と太郎冠者の声が同じではないか？

鬼は脅しながら、やけに太郎冠者の贔屓をしていたではないか？

問い詰められた太郎冠者、鬼の成りすましが失敗に終わり、お決まりの結末となり、下がって行く。

この演目の面白い所は、鬼の太郎冠者が主人に、日頃鬱積していた要求を突きつける脅しの内容である。

主　人「何卒、命ばかりはお助けください」

鬼冠者「なに、命が助かりたい？　命が助かりたば、助けてやらなくもないが、それなら鬼の言う事をきくか」

主　人「聞きます、聞きます、何でも聞きます」

鬼冠者「お前は太郎冠者を雇っているな」

主　人「いや、よくご存じで」

鬼冠者「その太郎冠者は、夏でも蚊帳なしで寝てるそうだな。なんと人間が、夏、蚊帳も吊らずに寝られると思うか。今日から彼に蚊帳を吊らせるか、吊らせないか、吊らせないというのであれば、頭から一口に喰ってやろう」

主　人「吊らせます。吊らせます」

鬼冠者「よし。まだある。太郎冠者を夜遅く、山坂に使いに出すが、そんな時には、夏なら冷酒、冬なら燗酒を、彼がもう呑めないとうまで呑ますか、呑まさないか、呑ませないなら頭から一口に喰ってやる」

主　人「呑ませます。呑ませます」

太郎冠者は鬼の力を借りて、待遇改善に成功する。

この場面で、私は、思い出した事があった。

かつて労働組合の活動が盛んな頃、私の職場でも団体交渉をする事になった。

テーマが女性の労働条件改善であったので、私が、交渉の口火を切る事になり、テーブルを挟んで居並ぶ上司を前にして、

「本日は、私共の団体交渉を受けて頂きありがとうございます」と言ってしまった。

我々の要求は、無事認められたのであるが、終わった後で、組合幹部の先輩からきつく叱られた。

交渉は対等な立場でするものなのに、態度が卑屈で、労使関係の認識ができていないという事だった。

その点、清水の太郎冠者は、ご立派な態度と言うべきか。

中世の主従関係、中世の人々の生活と鬼についても考えさせられる演目である。

ところで、今回、私は、成りすましとは言え、初めて鬼になる。

鬼の面をつけ、竹の杖を持ち、姿勢を良くして、両手を大きく広げて足を高く上げ、脅しの足踏みも、素早くリズミカルに、台詞は、声がこもらないよう活舌よく。最後まで鬼の迫力を持続させるのは並大抵のエネルギーではない。

立ち稽古は、都合十五回。お稽古仲間の二十代のお嬢さん達の三倍、四倍は時間がかかる。元々の運動神経の鈍さもさることながら、年を取るとはこういう事だ、と受け入れるしかない。

私が舞台に立つようになって七回目。今回は、何度も客席から笑い声が聞こえた。お客様に乗せられて、良い気分で舞台と客席が一体となり、場を盛り上げるという体験を初めてした。

先生がいつもおっしゃる「楽しんで来てください」とは、こういう状況をつくり出すように務めなさいという意味が込められていたのだと、今頃になって気がついた。

友人達は、お世辞半分だろうが、進歩の跡が見られたとか、鬼らしい迫力があったとか褒めてくれて、私はいつになく幸せだった。

●大藏教義先生の一言

鬼に化ける太郎冠者ですが、決して鬼になりきってはいけません。面を着けると、どうしてもそれらしく演じてしまいますが、太郎冠者の性格も残しておく必要があります。困っている姿、焦っている姿、得意満面な姿、意気揚揚としている姿など、感情表現をしっかりと出すことによって、憎めない太郎冠者像ができて来ます。あまり目立たない演目ではありますが、古典ならではの誇張した表現方法が求められる名作だと僕は思います。

寝音曲——人の良い主人に共感

狂言の分類では、前回の「清水」と同じく、小名狂言、太郎冠者物であるが、主人と太郎冠者との関係は、かなり違っている。「清水」では、主人は人使いが荒く、太郎冠者もしたたかであるが、「寝音曲《ねおんぎょく》」の主人は、おおらかで、人が良い。今回は、私が主人を演じるのだが、お人良しを自認している私は自然体で務めればよさそうである?

一方、太郎冠者も「清水」の太郎冠者とは大違い。茶目っ気たっぷりの人物で、妻も自宅も持っており、主人には、幼少のころから仕えていて、気心の知れた間柄である。

筋立てを紹介しよう。

ある夜、主人が太郎冠者の家の前を通りかかると、中から、太郎冠者が謡を謡っている声が聞こえる。中々良い声である。主人は、次の朝、早速太郎冠者を呼び出し、自分のために謡を聞かせてくれと言う。太郎冠者は、謡いたくないので、あれは自分ではないとか、子供の頃、ちょっと習っただけで人に聞かせられるようなものではないとか言い訳をするが……。

主人は、いや中々の謡いぶりだったと譲らない。太郎冠者は、断る手立てを考える。私の謡は、お酒が入らないと謡えないと断ると、主人は、自ら酒を取りに行き、大盃で御酌までしてくれて、太郎冠者は、とうとう大盃三献を飲み干してしまう。主人はこれで謡を聞かせてもらえると喜ぶと、実は、私の謡は悪い癖があり、妻の膝枕でないと声が出ないので、今度、妻を同道してきたときに謡いましょうと、さらに断り文句を並べる。主人は今聞きたいのだから、かまう事はない某の膝枕で謡えと、膝を乗り出す。やむなく、太郎冠者は主人の膝枕で、短い謡を一節。

すると主人は大喜びして、今度は、もっと長い曲をと所望する。太郎冠者、ほめられて、調子に乗ったか、再び主人の膝枕で、

面白の花の都や、筆に書くとも及ばじ、東には、祇園、清水、落ち来る、
滝の、音羽の嵐に、地主の桜は散りじり……。

室町時代の流行歌謡を取り入れて、花の都を巡る様子を謡った能「放下僧」を謡い始める。

聴いている主人は、膝枕をしている太郎冠者の頭を持ち上げたり、降ろしたり。はじめのうちは、太郎冠者も頭を上げられると声がかすれ、頭を降ろされると声が出るという動作を繰り返していたのだが、興に乗って、とうとう、起き上がって謡いながら舞いはじめる。膝枕でないと声が出ないと言ったはずなのに。


主人は、大喜び。「やんや、やんや、声も良う出て、面白かった」と言われて、太郎冠者「ゆるさせられい、ゆるさせられい」と下がっていく。

主人は、「ヤイヤイ、苦しゅうない、今一つ謡って聞かせい、まず待て、まず待て」と追いかけていく。


主人は、ゆったりと、太郎冠者の謡を楽しんでいる。

その雰囲気が伝わるようにするのが、アドの役割と言われ、例によって、国立能楽堂閲覧室で、プロのＤＶＤを参考にする。

初めて主人の役をつとめた「柑子」では、長袴のさばき方を心配したが、それは卒業。次にお酒の注ぎ方、これも「因幡堂」で体験済み。気分的にだいぶ余裕ができて来た。新しい仕草は膝枕。主人役の私は正座をして、両手を重ねて右膝に置く。太郎冠者は、頬に左手をあて、その甲を主人の手の上に置き身体を横に倒す。その不自由な姿勢で、「放下僧」をしっかりと謡わなくてはならない。

これは、かなり、厳しい。声が出にくいし、息切れしてしまう。

私は、シテの呼吸にあわせながら、両手を上げたり、下げたりして、太郎冠者の声がかすれたり、出たりするのが、面白くなるように、神経を使わなくてはならない。

声が出ているときは、姿勢を良くして、聞きほれる。かすれてくると、太郎冠者の表情に注意する。二人の呼吸が合わないと、ほほえましくも、楽しくもならない。二人でこのしどころを頑張ろうと、はじめての立ち稽古で話し合う。

ところが、予期せぬアクシデントが、待ち構えていた。

元気印が売りであった私だが、十一月に入って、癌の手術を受けなければならない事になった。

一年ほど前から、微量の血尿があり、軽く考えていたのが、何度目かの検査の結果、総合病院で「これは、だれが見ても百パーセント、膀胱がんです」と宣告されてしまった。ともかく、手術を受ける事にして、狂言の稽古は、中断。その後の事は、後で考えましょうという事になった。

立ち稽古を一度したところで、入院、手術。術後で、約一か月お稽古は、お休みとなる。

考えてみると、狂言を習い始めて今まで一度も稽古を休んだことがなく、幸いなことに暮れの発表会も七回、続けて出る事ができた。

私には、間もなく百歳になる母がいる。ここで、私が先に逝くわけにもいかない。なんとか無事に手術を済ませ、社会復帰したいものと、神頼みする。

年明けに再手術という事になったが、十一月下旬から稽古を再開する。

発表会まで稽古日は、五回しかない。暫くぶりの稽古で声に張りがない。動きも、もたつき、だらっとしている。これではいけない。気合い、気合い。

気がかりな事を抱えているとき、目の前に目標があるのは有難い事だ。我ながら疲れやすいし、少し、やつれたと仲間に言われるが、徐々に、日常生活にもどし、ジムにも出かける。筋力が落ちているのに今さらながら驚く。

しかし、おおらかに人生を楽しんでいる「寝音曲」の主人を演じていると、今を生きるという実感、有難さが湧いてくる。

膝枕で太郎冠者が謡う場面の稽古が、そこそこ息が合うようになり、何とか務まりそうな気がしてくる。

私の友人達も大勢来てくれて、それも、おおいに励みになった。

状況によっては、狂言を続けられなくなるやもしれないと覚悟していたので、上手く演じたいとか、友人達に褒められたいとかの欲がなく、自然体で臨めたのが良い結果につながったようだと自己満足した。

●大蔵教義先生の一言

主人は、相手がどうであれ、しっかりと受け止めてニコニコ笑っていられるような心の広い人だと思います。

きっと、太郎冠者の事が好きなのでしょう。

「身共の膝を貸そう程に、この度は、
長々と謡うて聞かせ」

撮影者：岩田アキラ

萩大名——風流なお大尽になる

分類では、大名狂言物である。演目はかなり多い。「鼻取相撲《はなとりずもう》」「雁礫《がんつぶて》」「昆布売り」「蚊相撲」「萩大名」「鬼瓦」「墨塗り」などがある。

大名狂言の分類で面白いのは、在地大名物と遠国大名物とがある事だ。

在地大名は「このあたりに隠れもない大名です」と自信たっぷりな態度で名のる。一方、遠国大名は、「遠国に隠れもない大名です」と控えめに名のる。遠国大名は、大概、訴訟のために国元から出てきて、長逗留を余儀なくされている。

「萩大名」も遠国大名物である。

田舎大名が都の滞在が長くなり、名所旧跡も大方見つくしたので、どこか珍しい所に行きたいと太郎冠者に相談する。太郎冠者は、そういう事もあろうかとかねて下調べしておいた風流人の庭の萩が見頃なので、その庭を拝見に行ってはどうかと持ちかける。大名は、すぐ乗り気になるが、一つ問題がある。それは、主人に和歌を一首、所望されることである。

そんな難しい事はできないから、行くのは諦めようとする主人に、太郎冠者は、友人が下読みした歌があるから、それを覚えて、主人の前で詠んだらと「七重八重、九重とこそ思いしに、十重咲きいずる萩の花かな」と一首を紹介する。大名は、それは、一年、二年でも覚えられないというので、太郎冠者は、一計を案じ、自分が、扇を七、八本開いたら、「七重八重」九本開いたら、「九重とこそ思いしに」全部開いたら、「十重咲きいずる」と続け、終わりの「萩の花かな」は、太郎冠者が向こう脛《ずね》と鼻を指さして教えると段取りをつけて、出かけて行く。

庭を拝見しながら、田舎大名の主人は、梅の古木や、立石《たていし》にとんでもない感想をのべるので、太郎冠者はハラハラしどうし。件の歌詠みも言い間違えばかりで、太郎冠者は、うんざり。あきれて大名を置き去りにして帰ってしまう。困った大名は歌の最後が詠めず、主人にせかされて、苦し紛れに「太郎冠者の向こう脛」と言ってしまい、主人から、「なんでもない人、とっとと、ゆかしめ」とあきれられ、「面目もおりない」と下がって行く。

今回の出演者は三人。田舎大名、太郎冠者、そして庭自慢の主人である。

私は、風流な庭の主人を演じる事になった。

今回は、舞台でほとんど、正座をして坐っていなければならない。そのことがいささか気がかりだった。


実は、数年前、下り坂の歩道を歩いているとき、スピードを上げて坂を下って来た中学生の自転車に激突されて、救急車で病院に運ばれた。幸い脳にダメージは受けなかったのだが、三か月入院した。車椅子から、歩行器、歩行訓練のリハビリを重ね、何とか歩けるようにはなったが、膝が曲がらず、不自由な生活を余儀なくされていた。

そのとき、世話になったリハビリドクターから、「アスリートを見習って、真剣にリハビリを続ければ、改善の余地があるから頑張れ」と励まされ、以来ジム通いを続けている。「因幡堂」の時にも座る事ができたし、今回も何とかなるだろう。自信を付けるために、せっせとジム通いをするから、お前も頑張ってくれと、膝をさする。

しかし、稽古が始まると、どうも、座り方がもぞもぞして、落ち着かないと思われたのだろう。こよなく和歌を愛する庭自慢の風流人を、ゆったりとやわらかく、上品に演じるようにと先生に言われて、途端に自信喪失。

稽古のたびに言葉がきつくならないように、やわらかく、ゆったりと、同じ事を注意され、そのやわらかくが難しい。つい、詰問調になったり、相手の無知を馬鹿にしているような口調の受け答えになってしまう。

お稽古帖には、毎回、やわらかな風流人の心境や、その動きかたが難しい。上質な人間の雰囲気を出すためには、台詞もゆっくりしゃべった方がいいのかもしれないなど、後ろ向きの愚痴が書き連ねてあり、とうとう、思考停止とだけ書かれた日もあった。

正直に白状すると、私は萩の花に風情を感じる感性が乏しい。

若い頃、父とよく箱根の強羅に萩を見に出かけた。父は特に風流人というタイプではなかったから何か萩にまつわる特別の思いがあったのだろうか？　私は、退屈しながら、ミヤギノハギを父について見て回り、夕食には何をご馳走してくれるかなどと考えていた。風流人の主人より、田舎大名に近い。

ともあれ本番の日が来てしまった。いつものような、緊張感と高揚感が湧いてこない。困った事だと思いつつ、三人揃って舞台に出て、私は笛座の前に坐る。大名と太郎冠者の掛け合いがはじまり観客の関心が二人に集まる。

演目が進行中、アドとして舞台上に控えているのは初体験である。

自分が夢中に演じている時と違って、観客席の様子がよく見える。つい冷静な目で観客の反応をみていたが、はっとして我に返る。

美しく咲き乱れる萩の庭園で展開する、次の自分の役割に集中しなければ……。

(膝を気にしている場合ではない)

やがて、太郎冠者に声を掛けられ、ワキ座に出て、ゆったりした風流人の受け答えをする。次第に気持ちが乗ってきて、遠国からのお客に何としても、一首詠んで欲しい主人になれた気がした。客席も私と大名のやり取りを楽しんでくれたようだったが、今回の自己評価は落第点。稽古の段階から気持ちが入らず、舞台では集中力に欠け、緊張感がなかった。こんな体験は初めてであった。出番の少ない役だからと気を抜いていたかもしれない。体調も気力が充実しない原因だったかもしれない。ともかく、後味が悪かった。

素人は、へたで元々。ひたすら一生懸命な態度で狂言に向かわなくてはならないのだと、猛反省する。

舞台に控えているときのありようについて、考える機会を得た事は、収穫ではあったが。

●大蔵教義先生の一言

この時の「萩大名」はとても印象深かったですよ。

三者三様で、それぞれの個性が引き立っていたと思います。

自分では落第点と思っても回りの評価は良かったり、自分ではやりきった、充実していたと思っても、周囲の評価は低かったり。

役者は、評価を求めてはいけないのだと常に思います。

梟——山伏の誇りは届くか

振り返ってみれば、舞台に立つ事、早十回目。

今回は、かねてから憧れていた山伏の役をさせて頂く事になった。歌舞伎の勧進帳、能の安宅でお馴染みの袈裟《けさ》、鈴懸《すずかけ》、兜巾《ときん》、数珠《じゅず》、法螺《ほら》、錫杖《しゃくじょう》といった物々しい出立と、胸を張って重々しく叫ぶ山伏物の口上を、一度体験してみたかったからである。

先生にその希望を申し上げると、「え？　山伏ですか……」としばらく間をおいて、すぐにお許しが出ない。それでも、やりたいのならという事になった。先生の危惧は、お稽古を始めて納得する事になるのだが……。


「梟《ふくろう》」は狂言の分類では、山伏物である。他にも、「柿山伏」「蟹山伏」「腰祈」「禰宜《ねぎ》山伏」「蝸牛」「菌《くさびら》」などの演目があるが、道中ものと在地ものに分けられる。修行を終え、故郷に帰る途中で遭遇する話と、故郷に帰り、修行を活かして、人々の悩み苦しみを取り除く事を生業とする、いわば職業山伏の話にわけられるのであるが、いずれも、尊大な態度で事に当たって、肝心の呪力が効かず、完全敗北する点は同じである。

今回、私がシテの山伏を務める「梟」に梟は姿を現さない。しかし、その存在は、最後まで、絶対的力を持ち続けるのである。

あらすじを紹介しよう。

山伏の住まいに、日ごろから、懇意にしている男が訪ねて来る。弟の太郎が、なにかにとり憑かれたようで具合がおかしい、ついては加持祈祷して治して欲しいと言うのである。

山伏は、自分は今取り込み中ではあるが、他ならぬそなたの頼みだから、診てやろうと出かけていく。家について太郎が連れてこられると、正体もない体《てい》である。山伏は、自分が一加持すれば、すぐに良くなるだろうと、太郎に近づき、自信ありげに呪文をとなえると、太郎は急に震えはじめ、

「ほっほう、ほっほう」と両手を上げて叫びだす。

びっくりした山伏が、兄に今のはなんだと問いただすと、訳が分からないが、時折、あのように奇声をあげるという。山伏は首をかしげて、あれは梟の鳴き声にそっくりだと言う。兄は、そういえば、太郎は山に入り、梟の巣を降ろしたと言っていたと説明し、山伏は納得。

今度は、梟の嫌うカラスの印を結んで祈る。「ボロン、ボロ、ボロンボロ」

ところが、一向に効き目がないばかりか、兄にも梟がとりつき、兄弟そろって、「ほっほう、ほほう」とやり始める。

山伏は必死になって呪文をとなえるのだが、一向に効き目がなく、力尽きて、ばたりと倒れてしまう。兄弟は、梟にとりつかれたまま、「ほっほう、ほほう」「ほっほう、ほほう」と繰り返して揚幕に消える。舞台で倒れていた山伏は起き上がり、これまた、梟にとりつかれて「ほっほうー」と一声上げて、橋掛かりを去っていく。わかりやすくて面白く、人気のある演目である。

狂言ならではの滑稽さで、山伏を笑いの種にしているのではあるが、山伏の身になってみると、葛城山で厳しい修行を重ね、心身を浄化し、諸神諸仏に交われる超人的な力を会得し、悪霊、物の怪を追い払う霊力の持ち主として民衆の尊敬を集めていたのに、全人格を否定されてしまう結果になったわけだ。

私は、その人生の悲哀を感じさせる後ろ姿で、橋掛かりを下がって行けたらと思っていた。

ところで、今回、梟にとりつかれた太郎の兄が訪ねて来た時の山伏の受けの文言。

「くしきのまどのまえ、じゅうじょうのゆかのほとりにゆがのほうすいをたたえ、さんみんのつきをすますところに、あんないもうさんというはたそらん」

ええっー。「案内申さんと言うは誰そらん」の前の言葉の意味がさっぱり解からない。

家に帰って、早速、辞書を繰る。

「九識」とは、目、耳、鼻、舌、身、意の六識に自己意識、意識下の意識、無辜の意識を加えて、人間に備わるあらゆるものを識別する働きとある。

「十乗」とは、悟りに達するための対象観察の十種の仕方、「瑜伽」とは心を統一して、絶対者と融合して一つになった境地とある。

仏教の教えは、修行もせずに理解できるものではない。ともかく山伏は、霊験あらたかなありがたい存在なのだから、それらしい喋り方をしなくてはいけないのだが、言葉の意味を調べたからといって、出てくる声は軽く、先生の重々しい有難みのある言葉には遠く及ばない。

次なる難関は、太郎のために、加持を始める山伏の常套句。

「そーれー　山伏といっぱ、山に起き伏すによっての山伏なり、兜巾といっぱー一尺ばかりの布切れを真っ黒に染めー」と頑張ろうとするが、長くは続かない。喉が痛くなり、咳込み始めると止まらない。

「喉は柔らかく、お腹に力を入れて」と先生。

(はい。わかっているんですけど、できないのですよ)と心の中で呟く。しかし、私は、この台詞が言ってみたくて先生に梟を所望したのだから、何としても、及第点は取らなくてはならない。鏡の前でベルトをきつく締め、足を踏ん張り、練習に練習を重ね、なんとかそこそこクリアーしたつもりになった。

続けて、ボロンボロ、ボロンボロ、ボロンボロの声の高さの変化。呪文は、一心不乱に調子を上げていかなくては、迫力、重力、念力が伝わらない。

ところで、実際に山伏がとなえる陀羅尼、呪文は「オンアビラウンケンソワカ」というのがしばしば用いられる言葉だそうだが、狂言では、「オンボロン」と訛って、狂言的な音の調子が楽しい呪文になっている。この呪文を数珠を両手の中指に通して擦り合わせ、ジャラジャラと音を響かせて祷るのである。

稽古を始めて五回目で初めての立ち稽古となる。台詞は覚えたし、声も低く偉そうな声が出るようになったしと、勇んで、太郎の憑き物、梟を調伏しようと、数珠を擦り合わせて、「ボロンボロ、ボロンボボロンボロ」と、調子を上げて熱演したつもりが、教義先生はこうのたもうた。「うんー。なんか、家政婦さんみたい」山伏の超能力者としての威厳がなく、高齢者に優しく、介添えしている姿にみえたのだろうか⁉

今、私は、百二歳になる母を朝な夕な世話している。まさに家政婦（ヘルパー）稼業が身についてきているかもしれない。（先生、それはあんまりだわ。いくらなんでもひどい……）と言いたかったが、来週は、そんな事言わせないぞと闘志を燃やす。

帰り道、前を行く中肉中背の蟹股歩きの男性の後ろ姿にひらめくものがあった。

腰を落として、肩をいからせ、つま先を思いっきり外側に開いて、歩幅も大きくして、数珠を擦り合わせる手も肘を張り、高々と構えれば、介護ヘルパーには見えるまい。

次の週のお稽古で、「先生、今日も、ヘルパーさんに見えますか」と聞いたら、「いや、今日はそこそこ山伏かな」という返事が返って来た。声の出し方歩き方、呪文の掛け方まで、山伏稼業がこんなに疲れるものとは思わなかった。

しかし、「梟」という演目は、二十分足らずの作品である。何とか最後まで頑張ろう。二十歳位は若いつもりになって。

難関がもう一つあった。数珠の持ち方である。

ずっと、右手に握ったままなら良いのだが、何度か懐にしまい、又取り出して持つ時には、数珠は、交差させて持たなくてはならない。懐から取り出すのに、もたもた、交差させるのに、戸惑いがちでは、途端に自信なげな山伏にもどってしまう。

教義先生が、親切に私のお稽古帖に数珠の交差のさせ方を図解してくださり、練習用タコ紐数珠を作って下さった。先生は、イラストを描くのも小道具を作るのもお得意である。

有難くいただき、タコ紐を交差させ、両手の中指に通して擦り合わせてみたが、タコ紐は、擦り合わせても音がしない。

私のアクセサリーを入れている箱に、祖母が大正のモダンガール時代に愛用したという、象牙の長いネックレスがある。それを、擦り合わせると数珠らしい音がするので、お稽古の時、使ってみたのはいいが、何しろ大正時代の骨とう品、すぐに糸が切れて、象牙の珠が舞台にバラバラと飛び散ってしまった。


夏からお稽古を始めた「梟」も十一月の下旬、発表会まで、あと半月になって、太郎、太郎の兄、山伏と三人での申し合わせをする。「ほっほう、ほほう……」と「ボロンボロ、ボロンボロ……」のタイミングがうまくいかず間が空きすぎて、迫力がない。それでもなんとか、三人の息も合ってきて、山伏は、十八回目のお稽古で、終了、時間切れとなる。
さて、本番当日。出番が近づいて、装束を着けて頂く事になった。
いつもの綿の沢山入った胴着は自分で着て、ぷっくりとし、その上に縞目の装束を着せて頂く。そして、袴。今回は山伏用の大口袴でごわごわした精好織《せいごうおり》、裾の広い白い絹の袴である。其の上に麻の鈴懸を着て、梵天と言われるボンボンの首飾りのようなものを下げ、頭には、立派な角帽子をつける。

装束を着け終わって、鏡の前に立ったら、そこには、私とも思えない立派な修験者、山伏が立っていた。この山伏に魂を吹き込まなくてはならない。しばらく目を閉じて瞑想し、ふわふわしている魂を凝縮して鏡の中の山伏に命を吹き込む。

橋掛かりに出て、「九識の窓の前、十乗の床のほとりに……」と声を出し始めると、すっかり山伏になりきって?命がけの呪文をとなえる。何とか集中力を持ち続ける事ができた。梟の霊に乗り移られて、ばったり倒れてから我にかえり、貧血を起こしそうになりながら、後は、ふらふら立ち上がって、ひと声、「ほっほうーー」と声を上げ、ゆっくり橋掛かりを下がって行けばいいのだと、夢心地で揚幕まで歩いた。

立派な装束に助けられて、私の念願の山伏体験は、無事に終わった。発表会に毎回来てくださって、忌憚のない感想を言って下さる先輩が「一皮むけたみたいね」と言って下さったのが、望外の幸せであった。

ボロンボロ、ボロンボロ

●大蔵教義先生の一言

「柿山伏」「腰祈」などと違い、この山伏は在地山伏なので、相応の経験者だと思います。ですから落ち着きや重さが無いと成立しません。

加持祈祷する場面でも、大きな声を出して言えばいいわけではなく、声の圧力も必要ですし、摺り足から手の上げ下ろしなど一つ一つの動作が山伏らしくなくてはなりません。

立派な山伏像を作り上げ、それを裏切るように、最後は梟にとりつかれ舞台から引く。最後まで、微塵も隙を作ってはいけない役柄です。

そうした意味でもシテの存在感が面白みを左右する演目でもあります。

「そーれ　山伏といっぱ、山に起き伏すによっての山伏なり」

新型コロナウイルスと私の狂言

コロナ感染防止、自粛要請で、外出もままならず、狂言の公演も、年末の発表会も中止になった。この十年、年末の発表会を目指して、狂言を生活の中心に暮らしてきた。それが、目標を失って風船が急にしぼんでしまうように、気持ちが狂言から離れていった。その事に私は愕然とし、狂言との付き合いはまだまだ道半ば、何とか気持ちを立て直さなくてはと焦った。

ともかく、今まで向き合った狂言を一つ一つ振り返り、悪戦苦闘しながら演じた事を記録しながら、再び私の狂言風船が膨らむのを待とうと拙い文を書き連ねたのが、以上の十曲である。

大蔵流、百八十曲の演目のわずか十曲ではあるが、太郎冠者をはじめ、その主人、詐欺師、追剥、酒のみの妻と夫、山伏と、狂言の世界に住む人々は、皆、余裕ありげに、ゆったりと、おおらかに明るく、思いどおりにいかないときも、理不尽な事態でも達観して生きている。

コロナによる生活の不安、閉塞感で、疑心暗鬼になり、余裕がなくなり、追い詰められたように感じて暮らしている日常に大きな安らぎを得た思いがした。

狂言の魅力再確認。しぼんだ狂言風船が又膨らみ始めた。

自粛、在宅期間に、オンライン稽古を先生が企画してくださった。

初めての体験。戸惑いもあったが、なんとか、ラインを繋ぐ事を覚えて、この一年、謡や語りを中心に、稽古をしていただいている。

今は、「酢薑《すはじかみ》」（商売物）で、酢売りになって、薑売りと都に向かう道中、お互いに秀句（駄洒落）を飛ばしながらの道行を楽しんでいる。

まだまだ、狂言世界の人々との付き合いを増やしたい。

明るく笑って、豊かな老後を目指すためにも。

（付）自作狂言

都のねずみと田舎のねずみ　イソップ物語より

伊曾保物語《イソップ》「京と田舎の鼠の事」について

イソップ物語の日本語版『伊曾保物語』（万治絵入本・岩波文庫）を読んでいて、これを狂言バージョンにしてみたら、面白いかもと遊び心が起きた。

誰しも知っている沢山の寓話から、「京と田舎の鼠の事」を選んでみた。話はシンプルで解かりやすく、それでいて示唆に富んでいる。

コロナ自粛、テレワークが奨励される中、都会から地方へ移り住む人々のことが話題になっていた事もあったからだ。

狂言の形式にあてはめるのは、そう難しくないなどと調子に乗って綴ったのが、以下の「都のねずみと田舎のねずみ」である。

都のねずみと田舎のねずみ

都の鼠

まかり出でたる者は、都に住まいいたすねずみでござる。某、さる有徳人の蔵に住みつき、なに不自由ない暮らしをいたいてござるが、未だ田舎に参った事がござらぬ。

これより、友人を訪ね、田舎に下ろうと存ずる。

まず、そろりそろりと参ろう。いやまことに、こう参っても、友人の家にあればようござるが、さりながら、いないと申す事もござるまい。

何かと申すうち、はや田舎らしい、景色の見渡せる所に参った。

かねてより、田舎は、山、川、林、畑に田んぼと景色の良い所と聞き及んでござれども、どことのう、わびし気な所でござる。

あれに見ゆるが田舎のねずみ殿の住まいであろうか？

まず、声を掛けてみよう。「ものもう、案内申う」

田舎の鼠

いや、おもてに、ものもうとある。案内とは誰そ、どなたでござる。

えい、都のねずみ殿。ようこそ、罷り越された。

さぞや、お疲れの事でござろう。さあさあ、つうっと、通らせられい。それに、ゆるりとござれ。

はるばるの御越し、嬉しゅうござるによって、まずは、御酒を食べさせられい。この、栗、稗、芋、人参、みな採れたてのものでござるによって、遠慮のういただかしめ。

都の鼠　いやいやかたじけのうござる。このようなおふるまいを頂いたうえは、ぜひとも、都の酒、魚を、たらふく召し上がっていただきとうござる。加えて、都の名所、旧跡などを巡り、某の住まいいたす有徳人の蔵に共に暮らし、おもしろおかしく、過ごそうではござらぬか。

田舎の鼠　いやいや、それはかたじけのうござる。かねてより噂にきく都に連れていってくだされい。

都の鼠　都には、かくなんいみじき事のみおはすれば、いやしき田舎に住みたまうべき。さあさあ　ござれござれ。

田舎の鼠　参りまする。参りまする。

都 の 鼠　いやこう参るうちに、早、上下の街道に参った。

田舎の鼠　ほうほう。家々が軒を連ねて、賑やかな事でござる。して、ほどは遠ござるか。

都 の 鼠　いや、もそっとでござる。急がしめ。

田舎の鼠　心得ました。

都 の 鼠　これが、某の住まいいたす有徳人の蔵でござる。

ここは、食物の宝の蔵と申すべき所でござる。米、麦、蕎麦、豆芋は言うに及ばず、山里、海里よりの山海の珍味が思うまま。これより、某と共に、この蔵に暮らし、名所旧跡くまなく訪ね、面白おかしく、暮らそうではござらぬか。

田舎の鼠　それは、ねがってもない事でござる。こう参るからは、こなたを寄り親殿と頼みまする。万事良いように引き回いて下されい。

都の鼠　その段はそっとも如才する事ではござらぬ。ゆるりと、蔵の中をご覧あれ。

田舎の鼠　ほうほう、これに、米俵が沢山積んでござる。こちらには、豆、餅、芋、干し魚、柿、栗、ミカン、そなたは、このようなご馳走を毎日、たらふく食べておられるのか。十年、いや二十年でも食べきれぬ。羨ましいかぎりでござる。

都の鼠　左様でござる。この奥もご覧あれ。

田舎の鼠　いや申し申し。今のぐわらぐわあという音は、何でござるか。

都の鼠　これはいかなこと。この家の主人が、用の事ありて、蔵に入りきたる。まずは、隠れたまえ。

田舎の鼠　身を隠すとていずかたへ。都のねずみ殿、都のねずみ殿。

都の鼠　はよう、はよう、私の隠れ穴まで案内する暇《いとま》はござらぬ。見つからぬよう、早う、米俵なり、炭俵なりの陰にでも隠れられよ。

都の鼠　いやいや、何とか、難を逃れてござる。時にかような不意打ちもござるによって、その点は心してござれ。

田舎の鼠　いやはや、とんでもない事でござった。そなたは、都には、いみじき事のみなんおわすと、のたまえども、只今の出来事は、一夜にして白髪になるとの言い伝えのごとく恐ろしい思いをいたいた。

田舎では、事足らぬ事も多けれど、かかる恐ろしき目にあう気使いはござらぬ。

貧しくとも、足るを知り、穏やかに日々を暮らす事こそ、楽しけれ。

某は、田舎に戻ろう。さらば、さらば、さらば。

都の鼠

これほどの宝がいらぬとは。とっとと、ゆかしめ。

（参考）『万治絵入本　伊曾保物語』（武藤禎夫校注　岩波文庫）

京と田舎の鼠の事

ある時、都の鼠、片田舎に下り侍りける。田舎の鼠ども、これをいつきかしづく事、限りなし。これによって、田舎の鼠を召具して上洛す。しかもその住所は、都の有徳人の蔵にてなんありける。かかるがゆえに、食物足って乏しき事なし。

都の鼠申しけるは、「上方には、かくなん、いみじき事のみおはすれば、いやしき田舎に住み給いて、何かは、し給うべき。」など、語りなぐさむところに、家主、蔵に用の事ありて、俄に戸を開く。

京の鼠は、もとより案内者なれば、穴に逃げ入りぬ。田舎の鼠は、無案内なれば、慌て騒げども隠れる所もなく、かろうじて命ばかり、助かりける。

その後、田舎の鼠、参会してこの由語るよう、「御辺は、都にいみじき事のみあると宣へども、只今の気遣ひ、一夜白髪と言い伝ふる如くなり。田舎にては、事足らぬ事も侍れども、かかる気遣いなし」となん申しける。

その如く、賤しき者は、上つ方の人に伴う事なかれ。もし強いてこれを伴う時は、いたづがはしき事のみにあらず、忽ち禍出できたるべし。

「貧を楽しむ者は、万事かへって満足す」と見えたり。

かかるがゆへに、諺にいわく、「貧楽」とこそ、いひ侍りき。

あとがきにかえて

思いがけないきっかけで習い始めた狂言がいつの間にか十年を過ぎ、その間に演じた十曲を通して、悪戦苦闘しながらも大きな生き甲斐であった狂言との日々を、この程、一冊の本にまとめました。

狂言の世界に私を誘ってくださった大先輩の遠藤利男さん、シテとして、アドとしていつも相手役を務めてくれた長年の友小山滋子さん。

そして何よりも覚えの悪い私を忍耐強く指導してくださり、この度は、一曲ごとにコメントを添えて表紙のイラストまで描いてくださった我が師大藏教義師に篤く御礼申し上げます。

最後に素人の記録を素敵な本に仕上げてくださった古典芸能を愛する編集者の森恵子さんに深く感謝申し上げます。

髙橋美紀子

新緑の美しい孀恋にて

[著者紹介]
高橋 美紀子（たかはし みきこ）

1940年鹿児島生まれ。元NHKアナウンサー。横浜市在住。
67歳より大蔵流狂言方、大蔵吉次郎師、令息大蔵教義師に狂言の指導を受ける。

狂言十番　私のお稽古帖

2021年8月18日　第1刷発行

著　　者　髙橋 美紀子
発 行 者　森 恵子
装　　丁　オフィス・ムーヴ　原田 高志
イラスト　大蔵 教義

発 行 所　株式会社めでぃあ森
（本　社）東京都千代田区九段南1－5－6
（編集室）東京都東久留米市中央町3－22－55
TEL 03-6869-3426　FAX 042-479-4975

印　刷　シナノ書籍印刷

検印廃止

ISBN978-4-910233-06-2